# Inhalt

[1] Diese Aufgaben bearbeiten alle Kinder.

[2] Diese Aufgaben sind zusätzliche Aufgaben.
Wähle immer mindestens eine dieser Aufgaben aus.

Diese Aufgaben sind freiwillige Forscheraufgaben.
Du kannst sie in deinem selbst gestalteten Forscherheft bearbeiten.
Vielleicht fallen dir auch eigene spannende Forscheraufgaben ein.

Dieses Zeichen steht vor einer Gruppenaufgabe.

[12] Dieses Zeichen gibt dir an, welche Kopiervorlage
du für die Aufgabe verwenden kannst.

Dieser Rahmen zeigt dir, dass du hier
eine besondere Arbeitsweise kennenlernst.

## Das bin ich

Ich heiße _____

So sehe ich aus:

Ich bin _____ Jahre alt.

Ich bin _____ Zentimeter groß.

Ich habe _____
Augen.

Ich habe _____
Haare.

Meine Lieblingsfarbe ist

_____

Mein Lieblingsessen ist

_____

Meine besten Freunde und Freundinnen sind _____

_____

Wenn ich groß bin, möchte ich _____

_____

Wenn ich zaubern könnte, dann _____

_____

_____

# Jeder ist besonders

**1** Besonders gut kann ich _____

_____

Besonders gern mag ich _____

_____

Besser können möchte ich _____

_____

Nicht gern mag ich _____

_____

**2** So bin ich:

_____

_____

_____

**3** Wer kann das besonders gut?

_____     _____     _____

_____     _____     _____

# Unser Körper

Jeder Mensch ist einzigartig!
Wir sehen auch alle unterschiedlich aus.
Es gibt große und kleine und dicke und dünne Menschen,
Menschen, die eine kräftige, muskulöse Figur haben,
und solche, die eher schmächtig sind.

A     B     C     D

1   Schaue dir die verschiedenen Kinder genau an.
Wie sehen sie aus? Schreibe dazu Stichpunkte auf.

A _____

_____

B _____

_____

C _____

_____

D _____

_____

 Hast du eine Idee, warum Menschen unterschiedlich aussehen?
Schreibe oder male in dein Forscherheft.

# Unser Körper

**1** Arbeitet zu zweit.
Ihr braucht eine Tapetenrolle, einen dicken Bleistift und Buntstifte.

So geht ihr vor:
1. Ein Kind legt sich auf die Tapete.
2. Das andere Kind fährt mit einem dicken Bleistift um den Körper herum und zeichnet seinen Umriss.
3. Beschriftet die Körperteile.

**2** Zeichnet in den Umriss, was ihr noch über den Körper wisst.

Wenn du erwachsen wirst, entwickelt sich dein Körper weiter.
Wie könntest du dann vielleicht aussehen?

Für Aufgabe 1 werden große Bögen Papier (z. B. von einer Tapetenrolle) benötigt.

# Unsere Körperteile

Menschen unterscheiden sich in vielen Dingen,
zum Beispiel in der Größe, Haarfarbe oder Hautfarbe.
Trotzdem sind sich die Körper aller Menschen ähnlich.

Knie

4 | **1** Ordne diese Körperteile richtig zu.
Schreibe die Namen in die grünen Kästchen.
Knie, Kopf, Hand, Arm, Bein, Bauch, Brust, Rücken, Fuß, Finger, Zeh

4 | **2** Ordne auch diese Namen zu. Schreibe sie in die blauen Kästchen.
Ellenbogen, Ferse, Gesäß, Wade

**3** Was können wir mit welchen Körperteilen am besten?
Laufen, greifen, beugen, ...

# Unser Skelett

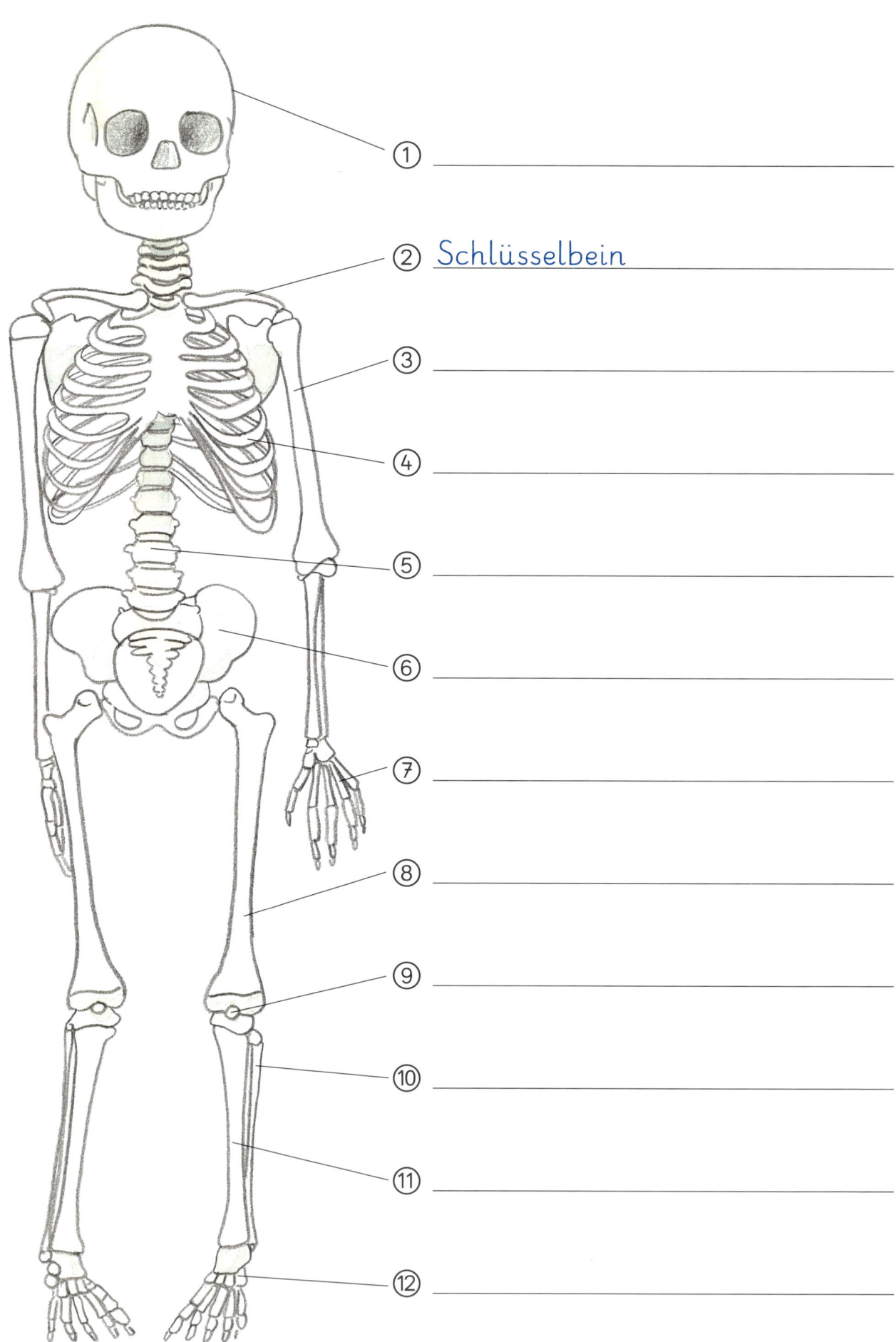

1. _____

2. <u>Schlüsselbein</u> _____

3. _____

4. _____

5. _____

6. _____

7. _____

8. _____

9. _____

10. _____

11. _____

12. _____

Alle Knochen, die wir in unserem Körper haben,
werden zusammen **Skelett** genannt. Ohne dieses Skelett
würden wir zusammensacken und schlapp wie ein Bettlaken sein.
Die Knochen **stützen** also den Körper. Weil unsere Knochen
sehr hart sind, bilden sie auch einen guten **Schutz**
für die weicheren Teile in unserem Körper. Herz und Lunge
werden zum Beispiel durch die Knochen des Brustkorbs geschützt.

**6** **1** Schaue dir das Skelett genau an. Trage die Begriffe ein.
Ordne die Nummern zu.

_____ Schädel          _____ Wirbelsäule          _____ Schienbein

__2__ Schlüsselbein    _____ Becken               _____ Wadenbein

_____ Rippe            _____ Oberschenkelknochen   _____ Fußknochen

_____ Oberarmknochen   _____ Handknochen          _____ Kniescheibe

**2** Welche Knochen schützen dein Herz und deine Lunge?

_____

_____

**3** Wodurch wird dein Gehirn geschützt?

_____

_____

**4** Welche Aufgabe hat die Wirbelsäule?

_____

_____

**7** **5** Baue ein Skelett nach.

Welches ist der größte und der kleinste Knochen des Menschen?

# Unsere Gelenke

**1** Was vermutest du?
Wenn du dir zwei Milchtüten über deine Ellenbogen schiebst, kannst du

|  | ja | nein |
|---|---|---|
| • dir an die Nase fassen? | ☐ | ☐ |
| • dir die Schnürsenkel zumachen? | ☐ | ☐ |
| • aus deiner Flasche trinken? | ☐ | ☐ |
| • dir deine Schultasche auf den Rücken schnallen? | ☐ | ☐ |

**2** Überprüfe deine Vermutung und schreibe oder male deine Beobachtung auf. Erkläre deine Beobachtung.

Meine Beobachtung

Meine Erklärung

_____

_____

Für Aufgabe 2 werden leere Milchtüten benötigt.

An vielen Stellen, an denen Knochen aufeinandertreffen,
befindet sich ein Gelenk.
Durch das Gelenk sind die Knochen beweglich miteinander verbunden.

 **3** Wo befinden sich an eurem Körper überall Gelenke?
Klebt auf die Stellen, wo ihr ein Gelenk gefunden habt,
einen Klebepunkt oder ein Stück Klebeband.

**4** Markiere die Gelenke, die ihr gefunden habt, im Bild.

**8** **5** Schreibe die Namen zu den Gelenken im Bild dazu.
Zum Beispiel:
Schultergelenk, Handgelenk, Fußgelenk, Ellenbogengelenk, Kniegelenk

**6** Funktionieren alle Gelenke gleich?

Findest du im Klassenraum Gelenke?

# Unsere Muskeln

**1**

Lass deinen Arm locker
herunterhängen.
Greife an deinen Oberarm.
Spanne deinen Oberarm an.
Was fühlst du?

_____

_____

_____

**9** **2** Du kannst mit deinen Muskeln verschiedene Körperteile bewegen.
Schaue dir die Bilder an.
Welche Muskeln brauchen die Sportler besonders?

_____

_____

_____

_____

_____

_____

_____

_____

_____

**3** Welchen Sport betreibst du oder möchtest du gerne betreiben?

_____

Welche Muskeln brauchst du für diese Sportart besonders?

_____

_____

_____

**4** Kannst du das auch? Probiere.

20-mal auf einem            eine Minute auf der          10-mal Hampelmann
Bein hüpfen                 Stelle laufen                machen

**5** Fallen dir eigene Übungen ein? Zeichne oder schreibe.

 Was ist ein Muskelkater?

13

# Was braucht der Körper?

Damit du wachsen kannst,
braucht dein Körper **Baustoffe**.
Baustoffe stecken in deiner Nahrung.
Ein wichtiger Baustoff ist Eiweiß.

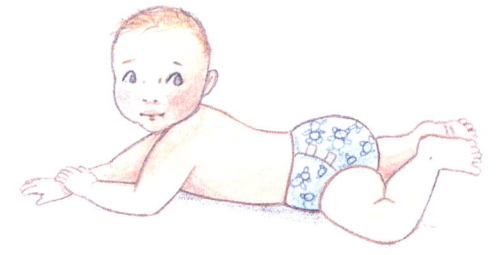

Nahrungsmittel, die viel Eiweiß enthalten:

Damit du gesund bleibst, braucht dein Körper **Schutzstoffe**.
Schutzstoffe stecken in deiner Nahrung.
Wichtige Schutzstoffe sind Vitamine,
Mineralstoffe und Ballaststoffe.

Nahrungsmittel, die viele Vitamine
und Mineralstoffe enthalten:

Nahrungsmittel, die viele
Ballaststoffe enthalten:

Damit du Kraft hast und dich bewegen kannst,
braucht dein Körper **Energiestoffe**.
Energiestoffe stecken in deiner Nahrung.
Wichtige Energiestoffe sind Fette und Kohlenhydrate.

Alle Baustoffe, Schutzstoffe und Energiestoffe
sind **Nährstoffe**, die dein Körper braucht.

Nahrungsmittel, die viele Fette
enthalten:

Nahrungsmittel, die viele
Kohlenhydrate enthalten:

**1**  Welche Nahrungsmittel passen noch dazu? Male oder schreibe.

**2**  Welche Nährstoffe brauchst du besonders, wenn du

wächst? _____

Sport treibst? _____

krank bist? _____

 Von welchen Nahrungsmitteln isst du am Tag am meisten?

# Getränke

Dein Körper besteht zu einem ganz großen Teil
aus Wasser.
Wenn du zu wenig oder gar nichts trinkst,
kann dein Körper austrocknen.
Deshalb ist es wichtig immer wieder zu trinken.

1 Male 20 Kästchen blau aus,
  dann kannst du sehen,
  aus wie viel Wasser ein Mensch besteht.

2 Wodurch verlierst du Wasser?

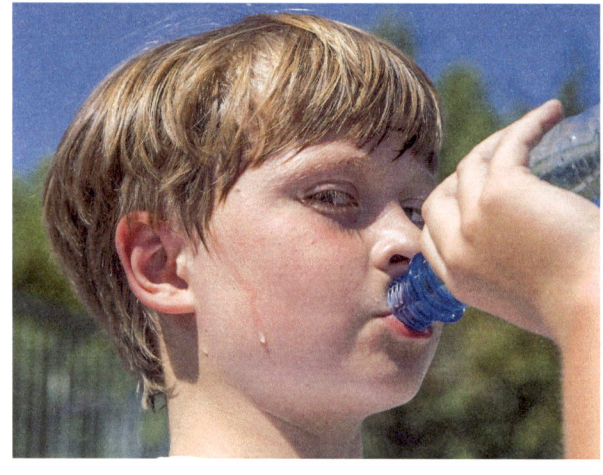

**3** Was trinkst du gerne? Male oder schreibe.

**4** Was gehört zusammen? Verbinde.

Mineral wasser

Orangensaft

Apfel Schorle

Cola

Kakao

Zutaten:
Wasser
Apfelsaft
Kohlensäure

Zutaten:
Milch
Zucker
Kakaopulver

Zutaten:
Wasser

Zutaten:
Orangensaft

Zutaten:
Wasser
Zucker
Kohlensäure
Koffein
Aromamischung

**5** Welches Getränk löscht den Durst am besten?

_____

_____

**6** Wie viel Wasser solltest du am Tag trinken?

**7** Welches Getränk ist für deinen Körper am besten,
wenn du viel Sport treibst?

 Welche Lebensmittel enthalten viel Wasser?

# Obst und Gemüse

Obst und Gemüse sind für uns Menschen besonders wichtig.
Sie sind richtige Fitmacher und sehr gesund.
Sie enthalten viele wichtige Schutzstoffe, wie Vitamine,
Mineralstoffe und Ballaststoffe.

1 Apfel
2 Salat
3 Himbeere
4 Mohrrübe
5 Rotkohl
6 Kirsche
7 Zwiebel
8 Tomate
9 Birne
10 Kartoffel
11 Orange
12 Ananas
13 Rosenkohl
14 Blumenkohl
15 Erbse
16 Banane
17 Erdbeere
18 Aubergine
19 Grüne Bohne
20 Zucchini

1 Was ist Obst? Was ist Gemüse?
Kreise das Obst grün und das Gemüse blau ein.

**2** Schreibe die Obstsorten und die Gemüsesorten aus dem Bild auf.

| Obst | Gemüse |
|------|--------|
|      |        |

**3** Kennst du weitere Obstsorten und Gemüsesorten?
Schreibe oder male sie dazu.

**11** **4** Wo kommt das Obst und das Gemüse her?

**5** Welches Obst isst du gerne? Male und schreibe den Namen auf.

**6** Welches Gemüse isst du gerne? Male und schreibe den Namen auf.

Nicht alle Obstsorten und Gemüsesorten wachsen in Deutschland.

# Getreideprodukte

Jedes Getreidekorn besteht aus Mehlkörper, Keimling und Frucht- und Samenschale.
Getreidekörner enthalten viele Schutzstoffe, vor allem Ballaststoffe, in der Schale.
Es gibt viele verschiedene Getreidearten, zum Beispiel Hafer, Weizen, Gerste, Roggen, Hirse, Reis und Mais.

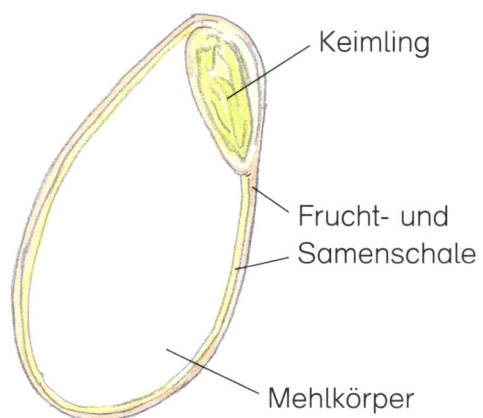

Keimling

Frucht- und Samenschale

Mehlkörper

 **1** Zermahlt Getreidekörner (zum Beispiel Weizenkörner) mit einem Stein in einer festen Schale.
Klebt einen Teil des Mehls auf.

Gebt den Rest des Mehls in ein Teesieb und schüttelt das Sieb über einem Teller.
Klebt einen Teil des Mehls auf.

Schüttet die Reste aus dem Sieb auf einen anderen Teller.
Klebt einen Teil der Reste auf.

**Vollkornmehl** besteht aus allen Teilen des Getreidekorns.
**Weißmehl** besteht nur aus dem Mehlkörper des Getreidekorns.
Die ausgesiebte Schale und den ausgesiebten Keimling nennt man **Kleie**.

**2** Ordne die Begriffe in Aufgabe 1 zu.
A Weißmehl      B Kleie      C Vollkornmehl

**3** Welche Produkte werden aus Vollkornmehl, Weißmehl und Kleie hergestellt?

**4** Was denkst du: Welche Mehlsorte ist gesünder? Begründe.

Für Aufgabe 1 werden Getreidekörner, Schalen, Steine, Teller, Siebe und durchsichtige Klebestreifen benötigt.
KV 12 Getreidearten zuordnen, KV 13 Getreidetrio

# Tierische Lebensmittel

Viele unserer Lebensmittel stammen von Tieren,
zum Beispiel Milch, Fleisch, Fisch und Eier.
Diese tierischen Lebensmittel enthalten viele Baustoffe,
wie Eiweiße, und Energiestoffe, wie Fette.
Schon kleine Mengen Fette liefern viel Energie.
Ein besonders wichtiger Baustoff in Milchprodukten ist Kalzium.
Der Körper braucht es für die Knochen und für gesunde Zähne.

1　Male oder schreibe weitere Lebensmittel dazu,
　　die aus Milch hergestellt werden.

2　Welche Milchprodukte isst oder trinkst du an einem Tag?

3　Von welchen Tieren trinken wir die Milch?

_____

_____

  　Wie kommt die Milch zu uns?

Manche Menschen vertragen keine Milch.

# Tierische Lebensmittel

**1** Welches Lebensmittel kommt von welchen Tieren? Verbinde.

**2** So könnt ihr Fett in Lebensmitteln sichtbar machen.

 Ihr braucht einen Apfel, eine Scheibe Wurst, ein Stück Käse und einen Bogen Papier, am besten Löschpapier oder Filterpapier.

1. Drückt die Lebensmittel nebeneinander auf das Papier.
2. Umkreist die Flecken und schreibt die Namen der Lebensmittel dazu.
3. Wartet 10 Minuten und haltet das Papier gegen das Licht. Ein Fettfleck erscheint auch nach 10 Minuten noch durchsichtig, andere Flecken nicht.
4. Welche der drei Lebensmittel hinterlassen einen Fettfleck?

_____

Tiere liefern uns nicht nur Lebensmittel.

Für Aufgabe 2 werden ein Apfel, eine Scheibe Wurst, ein Stück Käse und saugfähiges Papier (Löschpapier oder Filterpapier) benötigt.

# Mein Speiseplan

**1** Wie sieht dein Speiseplan
für einen Tag aus?
Trage in die Tabelle ein,
was du an einem Tag isst und trinkst.

| | Frühstück | |
|---|---|---|
| | | Essen |
| Frühstück | | Brot mit Margarine |

| | Essen | Trinken |
|---|---|---|
| Frühstück | | |
| Schulfrühstück | | |
| Mittagessen | | |
| Am Nachmittag | | |
| Abendessen | | |

15 **2** Was isst und trinkst du am Wochenende oder in den Ferien?

15 **3** Schreibe oder male, was du an einem besonderen Feiertag
isst und trinkst.

# Die Mischung macht's

F  Süßes und sehr fettige Lebensmittel

Von süßen und sehr fettigen Lebensmitteln solltest du nur wenig essen.

E  Fleisch, Fisch, Eier

Am Tag solltest du nur 1 Hand voll Fleisch, Fisch oder Eier essen.

D  Milchprodukte

Am Tag solltest du 3 Hände voll Milchprodukte essen oder trinken.

C  Getreideprodukte

Am Tag solltest du 4 Hände voll Getreideprodukte essen.

B  Obst und Gemüse

Am Tag solltest du 3 Hände voll Gemüse und 2 Hände voll Obst essen.

A  Getränke

Am Tag solltest du 1,5 bis 2 Liter trinken. Das sind 3 bis 4 solcher Flaschen.

---

**1**  In welches Regalfach gehören die Lebensmittel? Trage ein.

Käse __   Reis __   Tee __   Schnitzel __   Kuchen __   Erbsen __

**2**  Manche Lebensmittel passen in mehrere Regalfächer.

Hamburger _____   Spaghetti Bolognese _____   Pizza _____

15  3  Sieh dir deinen Speiseplan auf Seite 23 noch einmal an.
       Hast du von allen wichtigen Regalfächern etwas dabei?
       Schreibe dir einen neuen, gesunden Speiseplan.

16  4  Sieh dir Toms Speiseplan an. Was sollte Tom ändern, damit er sich
       besser und gesünder ernährt? Schreibe oder male deine Tipps auf.

|  | Toms Speiseplan | Tipps |
|---|---|---|
| Frühstück |  |  |
| Schulfrühstück |  |  |
| Mittagessen |  |  |
| Am Nachmittag |  |  |
| Abendessen |  |  |

5  Findest du es wichtig zu frühstücken? Begründe.

 Manche Menschen essen kein Fleisch.

# Unsere Verdauung

Der Weg einer Birne durch unseren Körper
dauert ungefähr 24 Stunden, also einen ganzen Tag.
Was geschieht in dieser Zeit mit der Birne?

1 Lies dir die Texte genau durch.

1. Zuerst zerkauen und zerkleinern wir
mit unseren Zähnen die Birne im **Mund**
in kleinere Stücke.
Dabei werden die Birnenstücke
mit Speichel vermischt.

2. Danach rutschen die Stückchen
durch die **Speiseröhre**
hinunter in unseren Magen.

3. Im **Magen** werden die Birnenstückchen
mit Magensaft vermischt und
weiter zerkleinert.

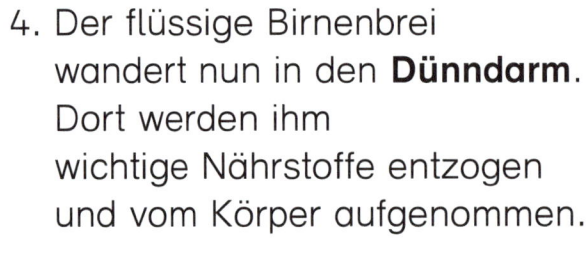

4. Der flüssige Birnenbrei
wandert nun in den **Dünndarm**.
Dort werden ihm
wichtige Nährstoffe entzogen
und vom Körper aufgenommen.

5. Der **Dickdarm** ist die Endstation der Reise.
Hier werden die Reste der Nahrung gesammelt,
die unser Körper nicht verwerten kann.
Sie werden auf der Toilette ausgeschieden.

**2** Male den Weg der Birne durch den Körper.

**18** **3** Der Darm eines Kindes ist ungefähr 5 Meter lang.
Wie passt so ein langer Darm in deinen Körper?

**4** Warum essen und trinken wir?

Welchen Weg nehmen Obstsäfte und Wasser durch den Körper?

27

# Unsere Zähne

Die Verdauung unserer Nahrung beginnt im Mund.
Wir zerkauen und zerkleinern die Nahrung dort mit unseren Zähnen.
Dafür haben wir drei verschiedene Zahnformen:
**Schneidezahn**, **Backenzahn** und **Eckzahn**.

**1** Welche Zahnform passt zu welchem Begriff und zu welchem Gerät
(Zange, Schere, Pfeffermühle)? Verbinde.

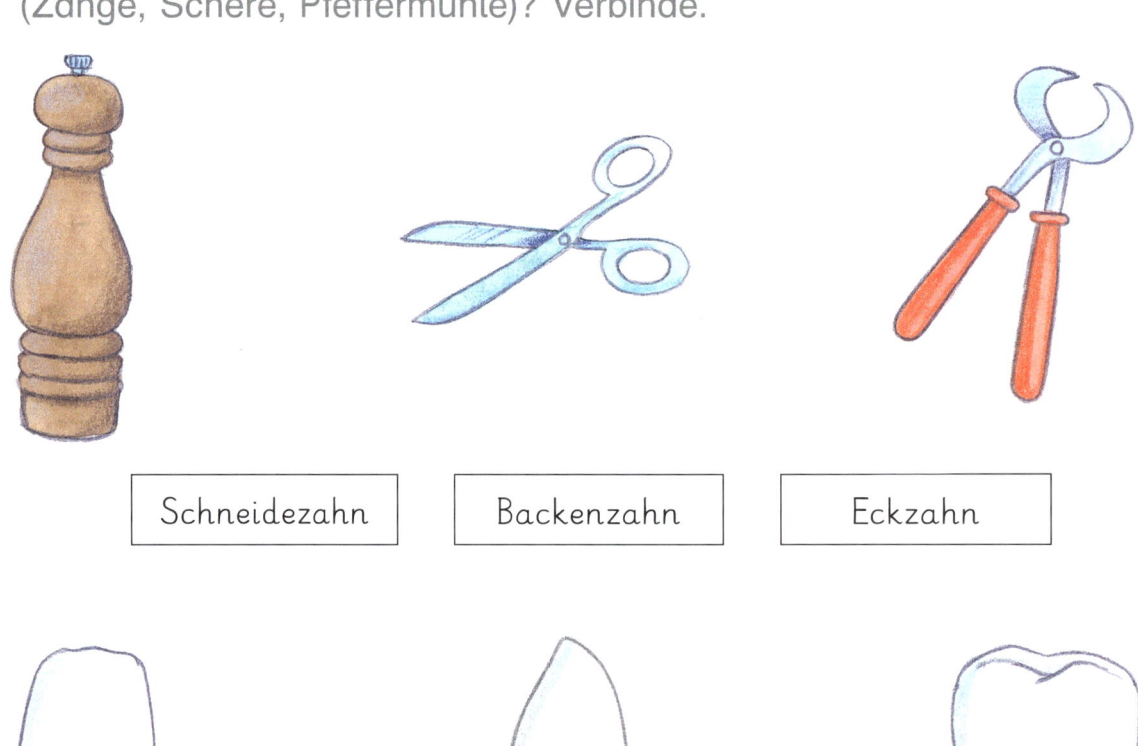

| Schneidezahn | Backenzahn | Eckzahn |

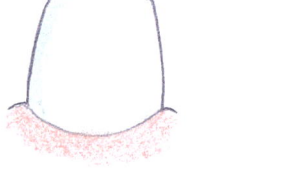 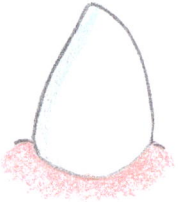 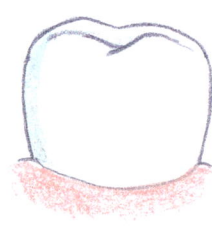

**19** **2** Die Zähne haben unterschiedliche Aufgaben:

Die Schneidezähne _____

_____

Die Backenzähne _____

_____

Die Eckzähne _____

_____

28

**3** Schaue dir deine Zähne mit Hilfe eines Spiegels an.
Zeichne deine Zähne.

Markiere die Zähne
im Bild:
Schneidezähne blau,
Eckzähne grün und
Backenzähne gelb.

**4** Zähle deine Zähne.

_____ Schneidezähne     _____ Eckzähne     _____ Backenzähne

**5** Was passiert, wenn dir ein Zahn ausfällt?

_____

_____

**6** Wie schützt und pflegst du deine Zähne? Male oder schreibe.

**7** Wie und wie oft sollen die Zähne gepflegt werden?
Schreibe Putzregeln auf.

**8** Was sind Weisheitszähne?

Tiere haben andere Zähne als Menschen.

# Ein gesundes Schulfrühstück organisieren

**1** Was gehört für dich zu einem gesunden Schulfrühstück dazu?
Male oder schreibe.

**2** Bereitet zusammen ein gesundes Schulfrühstück vor.

Kakao
~~Cola~~
Tomaten, Salat
...

1. Sammelt eure Vorschläge auf einem Plakat.
2. Überprüft, ob alle Vorschläge
   zu einem gesunden Schulfrühstück passen.

3. Schreibt eine Liste,
   was ihr alles vorbereiten wollt.
4. Überlegt euch, wie die Tische
   gedeckt werden sollen.
5. Schreibt euch auf, was ihr
   für das Schulfrühstück mitbringt.

- Einladungen schreiben
  und verteilen
- Tische umstellen
- Gemüse und Obst
  waschen
  ...

Ich bringe mit: _____

_____

_____

# Das kenne, kann und weiß ich

Trage ein: richtig gut +++, ziemlich gut ++, noch nicht so gut +.

| | Vor der Bearbeitung | Nach der Bearbeitung |
|---|---|---|
| Ich kann sagen, was mir gefällt und was ich nicht mag. | | |
| Ich kann sagen, was ich gut kann und was ich besser können möchte. | | |
| Ich kann das unterschiedliche Aussehen von Menschen beschreiben. | | |
| Ich kenne verschiedene Körperteile und Teile des Skeletts. | | |
| Ich weiß, wozu Gelenke und Muskeln wichtig sind. | | |
| Ich kenne Nährstoffe, die der Körper braucht. | | |
| Ich weiß, warum es wichtig ist, regelmäßig zu trinken. | | |
| Ich kenne verschiedene Obstsorten und Gemüsesorten. | | |
| Ich kenne Lebensmittel, die aus Getreide hergestellt werden. | | |
| Ich kenne Lebensmittel, die von Tieren stammen. | | |
| Ich kann Lebensmittel ordnen. | | |
| Ich weiß, wie ich meine Zähne gesund erhalte. | | |
| | | |
| | | |
| | | |

# Das kenne, kann und weiß ich

Trage ein: richtig gut +++, ziemlich gut ++, noch nicht so gut +.

|  | Vor der Bearbeitung | Nach der Bearbeitung |
|---|---|---|
| Ich kann nach Anleitung einen Versuch durchführen. |  |  |
| Ich kann meine Beobachtungen zeichnen oder aufschreiben. |  |  |
| Ich kann ein gesundes Frühstück planen und vorbereiten. |  |  |
|  |  |  |
| Ich kann mit einem Lernpartner oder einer Lernpartnerin zusammenarbeiten. |  |  |
| Ich kann in einer Gruppe mit anderen Kindern zusammenarbeiten. |  |  |
| Ich halte vereinbarte Klassenregeln ein. |  |  |
|  |  |  |
| Ich erledige meine Aufgaben gründlich und sorgfältig. |  |  |
| Ich gehe mit den Arbeitsmaterialien sorgfältig um. |  |  |
| Ich kann mich über eine längere Zeit mit einer Aufgabe beschäftigen. |  |  |
| Ich kann alleine oder mit einem Lernpartner oder einer Lernpartnerin eigene Lösungen finden. |  |  |
| Ich kann meine Arbeitsergebnisse vorstellen und den anderen Kindern erklären. |  |  |
|  |  |  |
|  |  |  |
|  |  |  |